AF312727

B. C. D.

DISSERTATIO ACADEMICA

DE

ECIMIS FEUDALIBUS,

Cujus

PORTIONEM QVINTAM

DE

TULIS ET MODIS EAS

ACQUIRENDI,

IN SPECIE,

DE

ARUM PRÆSCRIPTIONE,

PRÆSIDE

N. JEREMIA EBERHARDO

LINCKIO,

Jur. Publ. & Pand. P. P. O. & Gap.

Thomani Canonico,

SOLENNI *Censuræ*

ſubjiciet

Ad diem   Decembr.   M DCC XXXII.

GEORGIUS FERDINANDUS GRÆTHER,

GOMARINGO - WURTENBERGICUS.

∞∞∞∞∞∞∞∞∞∞∞∞∞∞∞∞∞∞∞∞∞∞∞∞

ARGENTORATI,

Literis GEORG. ADAMI PIESCKERI, Univ. Typogr.

DISSERTATIO QUINTA;
Seu
CAP. V.
DE
TITULIS ET MODIS ACQUIRENDI
DECIMAS FEUDALES
IN SPECIE,
DE EARUM PRÆSCRIPTIONE.

THES. I.

Ituli, id est, causæ, quæ decimas perpetuas feudales *constituunt* aut *continuant*, oriuntur vel ex *lege*, vel ex *conventione*. Ad posteriores spectant Donatio, Transactio, Venditio, Contractus innominati, ut Permutatio, Do ut facias, &c. Emphyteusis, Oblatio, Cessio &c. quibus, si lex fidelitatis accedit, Contractus exsurgit adjectitiæ qualitatis, qui *feudalis* dicitur.

A 2

His

His tàm primitùs ab ipfo Domino directo jus ad decimas feudales conftitui, quàm deinde, confentiente eo, fi feudum fit novum, confentientibus quoque agnatis, fi feudum fit antiquum, & liberè, fi feudum fit merè hereditarium, in alios transferri poteft. His titulis, ne excepta quidem permutatione & fimili negocio, jus in re nondũ nafcitur, fed tùm demũ, fi modus, qui vulgo dicitur, dominiũ feu jus reale transferendi accedat; fc. fi per donationem, tranfactionem, Venditionem, Emphyteufin, Ceffionem, Oblationem &c. promiffæ res vel vera vel quafi traditione & poffeffione in poteftatem facultatemque tenendi fint redactæ. Tituli legales funt aut Juris *Recentioris* aut *Juris Civilis Romani.* Juris recentioris funt *Infeudationes Ante-Lateranenfes* & qui vigore Inftrumenti Pacis Weftphalicæ in Germania operantur. Tales funt, (1) *Poffeffio* decimarum Ecclefiafticarum, ut feudalium, habita Anno 1624. cujus initium, fc. 1. dies Jan. requiritur in immediatis,

&

quævis ejus pars in bonis mediatis.
(*a*) Hæc possessio decimas Ecclesiasticas à
Laicis f. Cathol. f. Protest. possessas feudales efficit, eo modo, quo allodiales. (2) *Oppi-*
gnoratio earundem immediata , si scilicet
decimæ feudales ante Pacem Westphalicā
reperiri possunt, quæ ab Imperatore & Im-
perio pignoris jure concessæ fuissent. Oppi-
gnorationes enim Imperiales in jus proprietatis abierunt, quia irreluibiles sunt redditæ.
Immediati vero pignoris titulo habitam
supponimus possessionē; siquidem media-
ta pignora, quæ ab Imperij Statibus tene-
bantur, reluitioni manserunt obnoxia. (*b*)
(3) *Secularisatio Terrarum Ecclesiasticarū;*
His enim in feuda erectis, & decimæ cohæ-
rentes feudales factæ sunt. In Jure CiviliRo-
mano titulos legales sequentes habemus, qui
ut modo recensiti, simul modi sunt ipso jure
dominium seu jus transferendi; scilicet 1.

A 3

Adju-

(a) *J. P. W. art.* 5. § 31.   (b) *Tenor articuli V. qui de*
   his oppignorationibus disponit , hanc distinctionem
   clarè tradit.

Adjudicationem in judiciis divisorijs. (*c*) (2) *Successionis* titulū hereditarium tàm testamenti quàm ab intestato. (3.) Legatum & fidei comissum. Nam Judicio familiæ erciscundæ, jure successionis legitimæ, ultimarumque voluntatum, jure legati, decimas, ut feuda, modo propria, modo impropria, acquiri posse, nullum est quod nos moratur dubium.

THES. II.

An vero Usucapio seu Præscriptio titulis & modis legitimis decimas feudales constituendi sit accensenda, quæstio est, quæ multis obscuratur dubiorum nebulis. Si Canonum evoluimus rigorem, si Conciliorum Lateranensium III. & IV. aspicimus cancellos, si Pontificum perpendimus renitentiam, si strictam ejus, quod contra Jus commune introducitur, indagamus interpretationem; exiguum præscriptioni, qua Decimæ feudales acquiruntur, reperimus

---

(c) §. *ult. J. de Offic. Jud.*

perimus tutamen. Ajunt quippe Canones, Laicos spiritualia possidere non posse, per consequens nec præscribere ; Unde Alexander III. (*d*) Parmensi Episcopo rescribens, *cum Laici decimas detinere non possint, eas nulla posse præscribere ratione* decidit. Quod ampliavit, etiamsi Reges essent, qui decimas donassent ; Nam & ex horum titulo denegavit ipsis quoque Clericis , & fratribus Hierosolymitanis causam præscribendi, *cum sacrilegij crimen incurrere dixerit, qui Ecclesias vel Ecclesiasticum aliquid de manu receperit laicali* (*e*). Nec privilegia talia Laicorum à confirmationibus Pontificum robur accipere addidit, utpote quibus partim novū jus haud datur, nec antiquū roboratur, sed, si quod competijt, tantùm conservatur, (*f*)

partim

(d) *Cap.* 7. *X. de Præscript.* (e) *Cap.* 31. *X. de Decimis* quod contra Belæ III. Regis Hungariæ privilegia ab Innocentio III. Vesprimensi Episcopo in Hungariam missum est. (f) *Cap.* 4. *X. de Confirm. utili vel inut.*

partim Juri Episcopali seu tertij non de-
rogatur. (*g*)

THES. III.

Ast quis nescit, decisionem quæstionis,
quæ Jus Publicum & *Imperium* tangit, non
esse ex fontibus Juris Canonici seu Sacerdotij hauriendam. Est hic pugna inter Imperium & Sacerdotium ; inter Majestatem
& Religionem ; inter Nutritorem & A-
lumnum. Imperium decimas Sacerdotio in
merū nutrimentū concessit salvo jure Majestatis. Jus hoc non abdicavit in decimis,
qui earū tantū concessit utilitatem. Dominium ergo decimarū privato simile & pa-
trimoniali, non eminens, non publicum ac-
cepit Ecclesia. Reges proinde, si jus, quod
in Decimis & rebus Sacerdotio datis reser-
varunt, exercent, suo id faciunt jure; Unde, si circa hoc exercitium lis oriatur,
ejusdē definitio non ex Juris peregrini, aut
Sacerdotalis, sed ex Juris domestici, i. e.
Regii, fundamentis eruenda veniet. Si

itaque

____

(g) *d. Cap.* 31. *X. de Decimis.*

itaque Reges semel decimas, utut Ecclesiæ
concessas, Laicis jure dederunt ; quod
probatum, nec amplius negandum est;
sane & hîc præscriptionis viam, cujus si-
nuosum cursum præsumpta Regis & Legis
donatio dirigit, â Laicis quoque calcari
posse videtur.

THES. III.

Notandum tamen, nos nunc juxta
eum, quem indiximus ordinem, de præscriptione, quam *acquisitivam*, nominamus,
non de ea, quæ *extinctiva* audit, disser-
tare ; Hanc enim inferiús, si quæ *De-*
cimis feudalibus aversantur B. C. D.
tradentur, oblivioni non sumus daturi.
Cum autem controversia in hac m ateria
esse possit & de ipso jure & de juris quali-
tate, ideo ad confusionem, quæ ignorantiæ
obstetricatur, evitandam quæstiones di-
stinguemus, & primo agemus de præscriptione, quæ ipsas *Decimas acquirit &*
possessores mutat; deinde, *de ea , quæ*

salva

salva possessione qualitatem tantum mutat, ita ut e. g. possessio feudalis allodialis vel hac vicissim feudalis fiat.

THES. IV.

Præscriptio, quæ Decimas acquirit & jus pristinorum possessorum dominorumque in novos transfert, vel *à Laico contra Ecclesiam*, vel *ab Ecclesia contra Laicum*, vel *ab Ecclesia contra Ecclesiam*, vel *a Laico contra Laicum* allegatur. *Prima* quæ de Præscriptione Laici contra Ecclesiam agit quæstio, ex antea jam allatis textibus & rationibus suam jam videtur adepta esse decisionem. Verum cum hodie Laici, ut Decimarum Ecclesiasticarum possessores, etiam ab ipsis Pontificibus & Conciliis post Concilium Lateranense III. tolerentur, repagulum quod præscriptionis arctè fores occluserat, quodque in incapacitate possidendi substiterat, remotum esse videtur. Incapacita-

tem

tem quidem omnem sublatam esse dici
nequit; nam nec hodie apud Romano-
Catholicos, ita annuentibus Regibus &
quamdiu Majestatem suam Canonibus
cedere jubent, Laici ad decimalem possessionem apti reputantur, si scilicet plane
novas titulo feudi aut simili velint acquire-
re decimas. Duæ tamen epochæ, virtuti
Majestatis innixæ, huic impotentiæ ita
sunt medicatæ, ut saltem allegatio possessionis hodie non amplius sacrilegium
sapiat, nec amplius possessoribus illud
objici queat: quod *sola possessio Vitium
sit.* In possessione ergo nunc manu-
tenendus, inque eam restituendus est Laicus, quia possibile ei est, *licito seculi
titulo* decimas possidere. Cum igitur
clausa antea possessionis, per quam ad dominium seu stabile jus ibatur, Laicis reclu-
sa sit, non immeritò quæritur; an hi in
possessione cœpta pedem promovere,
eundemque post tempus, quod Leges

alias

alias itineri huic præfcribunt, emenfum figere queant. Tempus ordinarium, quod *Canones* Juri in re Ecclefiaftica præfcribunt, eft *quadragenarium;* Eft quoque extraordinarium, fcil. *centenariū*, refpectu Ecclefiæ Romanæ ftatutum; Et tandem quod omnes refpicere Ecclefias poteft, aliquod eft, quod *Immemoriale* appellatur. Ad tempus ordinariū requiritur præter bonā fidem, juftus titulus, qui talis in hac materia effe nequit, nifi qui à Canonibus & Regibus eft approbatus. Hujus generis eft infeudatio, feu alia Imperialis aut Regia aut Pontificia conceffio ante Concilium Lateranenfe; His titulis junge, quos ex Inftrum. P. W. allegavimus. Si quis ergo his gaudet, quin contra Ecclefiam *præfcriptionem quadragenariam* allegare poffit, nulli dubitamus ; licet hujus præfcriptionis allegatio fupervacanea videri poffet & inutilis illi, qui dominium feu jus fuum ipfis probare poteft titulis. Solus enim

titulus

titulus *Ante-Lateranensis infeudationis à*
Principe vel Pontifice factæ dominium seu
jus utile decimarū ex statūtō Regum & usu
postea in Ecclesia recepto tribuere poterat.
Hoc tamen contra *Ecclesiam* præscribens
opus habuit, vel ad colorandū possessoriū,
vel in casu, si forsan hæc decimas rité alij
infeudatas anteà possedisset, Laicus autem has a non Domino bona fide justoq;
titulo accepisset, & per legitimum tempus possedisset; quo casu certe ad justiti-
am vindicationis veræ vel quasi, Publi-
cianæ scilicet, fundandam allegare præscriptionem æquè opus ac fas fuisset.

THES. V.

Si vero quis titulum allegaret donationis Regiæ post Concil. Lateran. aut
post tempora Instrum. Pac. Westphalicæ
decretoria factæ, aut possessionem post ea
inchoatam, an & tunc *præscriptionem allegare poterit?* Certé Innocentius III.

B 3   privi-

privilegia BELÆ Regis & Reginæ Hungariæ, qui Ecclesiam quandam in perpetuam eleemosynam hospitali Hierosolymitano donationis titulo concesserant, Priorem Hospitalis, qui *præscriptionem* allegavit, (h) & quidem secundum *distinctionem tunc publice receptâ*, rectè repulisse videtur, si post Concil. Later. factâ demû esse donationê probari posset. (i) His & imbutus principiis *Cabassutius* (k) Galliæ usum esse dicit, â Laicis sine justo & probato titulo (Ante-Lateranensi scilicet) decimas præscribi non posse.   Nos eorum non

sumus

(h) Cap. *Dudum* 31. X. *de Decimis.*   (i) *quod ex eo* probabile fit, partim quod *Bela III. ab Ao.* 1176. *usque ad Annum* 1196. *regnaverit, Concilium vero Lateranense III. jam habitum fuerit* Anno. 1179. partim quod Hospitalarii confirmationem Clem. II. petierint, qua opus non fuisset, si donatio fuisset Ante-Lateranensis; partim *quod Pontifex Ao.* 1259. *in dicto Capite rescripserit, à confirmatione Clementis II. qui Ao.* 1191. jam mortuus *erat, tantum temporis*, (scil. 40. Annos) *quod possit præscriptionem confirmare, non effluxisse.* (k) *Jur. Can. Theor. & Praxi Lib.* 2. *C.* 29. *§.* 5.

fumus immemores, quæ fupra diximus : Reges & Principes (non dico Proteſtantes, qui de decimis Regnorum & Principatuum ſuorum Eccleſiaſticis in publicum uſum plene diſponunt, ſed) Catholicos, quod olim vi dominii eminentis ante Conc. L. fecere, temporibus quoq; ſuccedentibus facere poſſe. Nec illius propoſitionis oblivionem ſumus paſſi, qua adſtruximus, Reges Judicibus ſuis imperaſſe, ut in cauſis Decimarum feudalium diſcrimen ante & poſt - Lateranenſium obſervarent ; Ne itaque hæ duæ propoſitiones collidantur, diſtinctioque inutilis fiat, ſi Regibus facultatem infeudandi hodie quoque poſt Concil. Lateran. adeſſe ſtatuamus ; videndum eſſe reor, an Principes de novo infeudantes in privilegiis ſuis uſualis iſtius diſtinctionis mentionem faciant, nec ne ? & an clauſulam, quæ *Non obſtante* dicitur, ſubne-

ctant

Ɓant, nec ne? *Si prius*, titulum pro valido ob Imperii Majeſtatem agnoſcerem; *Si poſterius*, titulum ob Sacerdotij reverentiam pro ſubreptitio reputarem; (*l*) Neque enim Imperium ſine ratione prægnanti Sacerdotio refragari velle credendum eſt. Pontificem quoque poſt Concilium Lateranenſe Laicis decimarum hereditariarum privilegium dare poſſe ex principiis Barboſæ (*m*) non reluctor, quam facultatem ei competere non obſcure profitentur Decretales ; quippe Innocentius III. in allegato Capite non abſoluté negat, Anteceſſorem ſuum Clementem non potuiſſe hoc jus concedere ; ſed tantum negavit, ex confirmatione Clementina poſſeſſori decimarum jus accedere poſſe; tum quod hæc acceſſoria fuerit privilegij invalidi, tum quod jus tertij non tollat, tum denique, quod, ut confirmatio illa

aliquid

(l) *arg. Cap.* 3. *Cæterum X. de Reſcript.* (m) *II.* 399. 56. *Jur. Eccl. Vniu.*

aliquid novi juris tribuat, tantum temporis non effluxerit, ut præscriptio confirmari possit. Itaque titulus post Lateranensis haud est impossibilis. Illud tamen adhuc addere lubet, tùm demum expressam mentionem Concilii Lateranensis justo titulo vim legitimam tributuram, si de tenore distinctionis Princeps Catholicus probe edoctus *scienter*, & ut ajunt, *ex plenitudine potestatis Regiæ* non. obstante dispositione Concilii Lateranensis ob majorem utilitatis causam decimas Ecclesiasticas Laicis bene meritis in feudum rursus vel allodium concessisset. Hoc quidem casu beneficio hoc exornatis præscriptionis auxiliū superfluū esset; cujus tamen opus esset curriculo, & quidem aut quadragenario aut centenario, prouti Romanæ Ecclesiæ resforet aut non foret, fi fc. decimæ rité infeudatæ justo titulo b.f. post Concilium Lateranense legitimé à non Domino traditæ & possessæ fuissent.

C

Equi-

Equidem hæc palato Canoniſtarum convenientia non eſſe perſentiſco; Sed Conſuetudinis cujusq;, etiam Eccleſiaſticæ, autoritas eò valitura non eſt, ut Jus publicum vincat aut Status rationem. Sat autoritatis Canonibus, qui varié circa res temporales diſponunt, largiuntur Reges & Principes, quando ſecundū eos Judices pronunciare cogunt. Sed id ſalva libertate Eccleſiæ propriàque Majeſtate faciunt & quamdiu comodū publ. periclitari non intelligunt. Extra hos caſus recté Judices præſcriptionis ordinariæ auxiliū Decimatoribus Laicis denegant , ſi titulum ante-Lateranenſem aut poſt-Lateranenſem debitis ſtipatum requiſitis oſtendere nequeunt.

THES. VI.

Hactenus de *præſcriptione ordinaria* mentem noſtram aperuimus. Sed quid juris eſt circa *præſcriptionem extraordinariam,* quæ aliàs valet ſine titulo, & *immemorialis*

rialis dicitur, quamque DD. privilegio à Principe feu Pontifice obtento comparant. (o) Poteritne Decimator, qui decimas non jure ufusfructus, non jure locationis, fed jure proprietatis poffidet vel poffidere prætendit, privilegium tamen nec Papale, nec Principalem conceffionem, nec alium titulum huic fimilem, *Poffeffionem vero immemorialem* allegare poteft, nec fcit, quo jure vel titulo primitùs acceperit, in poffeffione vel jure fuo defendi ? Quod poffefforium attinet, cum in Laicis hodie poffeffio decimalis non amplius fit prima fronte vitiofa, res in expedito eft. Turbati enim, ut fupra dictum eft, defenduntur, fpoliatique reftituuntur, falvo petitorio Ecclefiæ relicto. Quoad petitorium autem funt, *qui plane præfcriptionem immemorialem peffum eunt,* funt, *qui cum moderamine admittunt,* funt *qui illud ipfum moderamen*

C 2

rurfus

(o) *per. text. & Gloff. in Cap. fuper quibusdam* 26. *de V. S.*

rurfus temperant; funt, *qui fine moderamine omnem amplectuntur.*

THES. VII.

Qui *præfcriptionem immemorialem* plane peffundant , funt Canonum Interpretes Juribus Sacerdotij nimis indulgentes. Adducunt Clotarii Regis Conftitutionem in L L. Allemannicis , quæ fine *Charta* rem Ecclefiæ à Laico poffeffam, Ecclefiæ femper reftituere jubet. (*p*) Proferunt Res fæpiffimé in fupremis Curiis conformiter ad dictam Conftitutionem judicatas. (*q*) Hinc ijdem DD. fine *jufto & probato titulo* decimas ne quidem poffeffione, cujus initii memoria non extat , acquiri poffe fta

tuunt

(p) Verba ejus funt : *Res Ecclefiæ de Laicis abfque CHARTA nullus præfumat poffidere , & fi chartam non oftenderit, quod comparaffet a Paftore Ecclefiæ , NB. poffeffio femper ad Ecclefiam pertineat.* (q) *Bochellus in fumma beneficiaria Verbo Decimæ Q. 3. n. 3.*

tuunt (*r*) Qua quidem in sententia ul-
terius confirmantur, quia dispositio Conciliorum Lateranensium Laicis in futu-
rum Decimarum Ecclesiasticarum possessionem penitus præcidit & distinctionem
Decimarum feudal. ante- & post-Latera-
nensium difficulter admisit; proinde quos-
vis possessores ad titulum ante-Lateranensem producendum adstrinxit. Sane in Gallia Henricus II. Anno 1556.
Lege speciali, omnes decimas prædiales,
quæ pro feudalibus notorié per ducentos
annos habebantur, tanquā adEcclesiæ do-
miniū reversas considerari jussit, Vasallosq;
â fidelitatis vel mediatæ vel immediatæ
erga se vinculo absolvit (*s*) Nam & hodie

C 3

Laici

(r) *Cabassutius Jur. Can. Theor. & Pr. l. 2. c. 29. §. 5. & seq.*
(s) Verba Legis hæc sunt: *Le Roy a ordonné & or-
donne, que desormais toutes dixmes prediales infeodeés,
le, quelle notoirement ont passeés dans cette infeodation
le cours & espace de 200. ans seront tenües & reputeés,
& de fait le de Seigneur les tient & repute pour redui-
tes à la Seigneurie d'Eglise, declarant comme Seigneur*

Laici poſſeſſionis decimalis poſt-Latera-
nenſis incapaces ſunt. Quos autem fugit
poſſeſſio, eos etiam *præſcriptio* quævis,
tanquam poſſeſſionis ſyrma , fugere debet;
incapacitas hinc poſſidendi fictionẽ gene-
rat quaſi non poſſiderentLaici;Cum itaq;
paria ſint *non poſſidere* & *nulliter poſſidere* ;
poſſeſſionem autem tanquam baſin quæ-
rat omnis Uſucapio ; certé hæc ſine iſta
exſurgere aut ſubſiſtere non poterit.

THES. VIII.

Qui cum moderamine præſcriptionem immemorialem admittunt, diſtin-
guunt

*feodal Souverain de toutes les Dixmes infeodeés, qu'il
a abſous & abſout ſes pretendus Vaſſaux tant mediats
qu'immediats des fois & ſermens, qu'il luy ont ou a ſes
Vaſſaux prétés ou ſont prêts d'iceluy prêter ; & que ſon
intention n'eſt plus de recevoir , ne faire recevoir au dit ſerment d'hommage ne de feodalité les gens
Lais eux diſans Seigneurs & poſſeſſeurs desdit dixmes
prediales infeodcés, ſe preſentant comme ſes dit Vaſſeaux,
ne ceux , qui porteront ou voudront porter la foy pour
eux, ainſi qu'il eſt raiſonnable , que chacune choſe re-
tourne a ſa priſtine nature , mêmement en cas de droit
divin profane &c.*

guunt *primo* inter dominium *directum &* utile*. Ajunt directum Jus femper ad Eccle-fiam pertinere ; hujusque poffeffionem Laicis nunquam tributam , fed tantum utilis juris communionem f. translatio-nem effe factam. Nec eos angit Re-gula, quâ *quicquid per privilegium acqui-ri poteft, etiam acquiri poffe per præfcri-ptionem immemorialem* ftatuitur ; Nam, ait , *negandum effe fuppofitum* , quod *ex perfona Laici detur immemorialis deci-mæ præfcriptio, idque propter refiftentiam juris , licet detur immemorialis detentio* ; quæ, quia facti, non juris eft, nil operabi-tur. Unde confuetudinem , quæ id intro-duceret, tanquam irrationalem , & ut Juri Divino Ecclefiæque commodo refragan-tem *Engel* (*t*) refpicit. Quoad utile domi-nium *fecundo* duos hic cum Van. Efpe-nio feparat cafus.. Nam , aut *Laici*

hàbent

(t) Qui *Cabaffutium* fequitur , quoad titulum do-minii directi , quia ejus poffeffionis Laicus *babent decimas à tanto tempore, ut nec de initio, nec de contrario conflet:* Aut à *tanto tempore, ut de initio quidem poffeffionis non conflet, conflet autem da contrario* e. g. *ex libris antiquis,* vel *inflrumentis authenticis,* ex quibus oftendi poffet, quod Decimæ ante annos 100. vel 200. adhuc pleno jure apud Ecclefiam fuerint. (x) In primo cafu præfcriptionem immemorialem facilius admittunt, quam in fecundo, non ut titulum, fed ut præfumptionem, qua Judicibus perfuadetur anteceflores Laicos omni meliori modo f. per infeudationem ante Concil. Lat. decimas acquifivifle; Ideoque non tàm præfcripfifle Laicum, quam hunc faltem in illarum poffeffione & perceptione relinquendum efle; Et licet ei opponi poffet;

---

adeoque eft incapax, fine qua non currit præfcriptio C. *caufam* 7. X. *de Præfcr. Conf. Engel* ad *Tit. de Dec.* §. 2. n. 5. *Reg.* 23. v. 764. (x) *Van Efpen.* II. XXXIII. IV. n. 37. *Conf. Canif. adh. l. p.* 268. *ut & Renatus Choppinus de facra polit. for. l. 3. n.* 18. *p.* 677.

poﬂet; paria eﬀe: *præſcripſiﬆe & in poﬀeſſione perpetuò relinqui* ; diﬀerentiam tamen
ſat memorabilem & efﬁcacem inter hæc
duo ponit.   Si enim Laicus præſcribere
poﬂet, *haberet*, ut ait *Engel*, (*t*) *dominium
Juris*, idque retineret, tametſi aliquan-
do poﬆ completam præſcriptionem emer-
gat titulus & initium inhabile; & inpoſte.
rum non amplius poﬃderet decimas
ex primo illo titulo, ſed ex novo præſcriptionis jure.   Sin autem tantum ex præ.
ſumptione boni tituli, quæ oritur ex im..
memorialitate temporis, in poﬀeſſione
relinqueretur, privabitur hac poﬀeſſione,
ſi per Parochum de vitioſo initio convi-
ctus fuerit.   Hic enim habebit tunc tres
ſatis fortes præſumptiones, quæ unam
& ſolam immemorialitatem ſuperant, (*u*)
pro ſe; *primam* ex Laici incapacitate, *ſe-
cundam* ex jure ipſo, quo omnes decimæ

D

ad Pa-

(*t*) *l. c. p. 765.*   (*u*) *arg. c. in noﬆra 4. X. de Proc.*

ad Parochum fpectare cenfentur; (x)
tertiam ex demonftratione vitiofi initii.
Neq; præfumtionem ex immemorialitate
fluentē effe *Juris & de Jure*, contra quam
admittendas quoq; effe probationes de vi-
tiofo initio DD. docuerunt, (y) Unde hoc
ipfo intelligitur, quid de cafu ubi contra-
riū doceatur, ftatuant: nimirū ajunt vel *ibi
non effe temporis immemorialitatē*, ubi de
contrario conftat, vel fi adfit *immemoria-
litas*, ex tàm longa detentione faltem col-
ligi præfumptionem, quæ lucis minoris
inftar à probatæ poffeffionis contrariæ lu-
ce majore facile obfufcatur.

THES. IX.

Procedimus ad eos, qui poffeffionem &
ex ea fluentem præfcriptionē immemorialē,
titulatam volunt. Hi tituli debent effe con-
tractus feudales aut fimiles, qui jus decimarum

(x) *C. 2. de Reft. fpol. in 6.* (y) *Rath. de Ufucap. cap. 5.
affert. 47 n. 2 & 3. Canifius de Dec. Cap. 9. in f. Facki-
næus Controv. l. 8. c. 33.*

marumEcclefiaft. transferre habiles funt.
Cum vero *tituli hi conftitutivi* regulariter
fupponantur Concilium Lateranenfe prae-
ceffiffe , horum probatio ob originem
valde remotam,fi non impoffibilis, faltem
difficillima judicatur. (*z*) Hinc titulum
faltem *declarativum*, ut praefcribens pro-
ducat, neceffe ducunt ; id eft, exigunt
documenta, in quibus afferatur decimas
has fuiffe infeudatas aut poffeffores eas,
ut feudales, hactenus tenuiffe.Hinc fimplicem poffeffionem fufficere non ajunt;
(*a*) fed requiri infuper poffeffionem *juris
Clientelaris* vetuftā, (*b*) & quidemin Gallia inftrumentis recognitionis , quae Gal-
lis *Aveux* dicuntur *&* *denombremens*, aut
D 2   faltem

(z) Quis enim , ait *Bœhmer ad tit. de Dec. p.* ııſ. originem Decimarum ultra fex fecula demonftrave-
 rit. Caufas, cur tituli conftitutivi perierint *vid.*
 apud Du Perray l. ʒ. *Ch.* 4. *p.* 68. *&* 70. (a) *Car la feule*
 poffeffion ne feroit fuffifante , dit. M. Du Perray l. c. p. 73.
 Ita pronunciatum ıı. Aug. 1658. in Tom. II. *du*
 Journal des Audiences (b) *Duarenus l* 7. *C.* ı. *p. m.* 358.

faltem fcripturâ, quæ probare incipit, &
quæ mentionẽ injicit alicujus tituli Ante-
Lateranenfis, fuffultam. (*c*) Quod fi plu-
ra hujus *recognitionis* inftrumenta concur-
rerent , primam omnium infpiciendam
effe ajunt.   Bona fides autem ne exu-
let , anxie & quidem recté commen-
dant. (*d*)

THES. X.

Pergimus denique ad illos , qui
præfcriptionem immemorialem indiftin-
éte fine titulo declarativo f. conftitutivo
admittunt ; Inter quos Harpprechtus (*e*)
&

(c) Non obftat *Auth. fi quis C. de ed.* quæ inftrumentum referens probare negat. Adeffe enim hic an-
tiquitatem ajunt, quæ probationem vel nullam
vel imperfeċtam adjuvat. *Conf. Molin. ad Confuet.*
Parif. art. 8. *v. denombremens n.* 7f. *& feq.* Præfum-
-tionem tamen femper effe contra illum , qui non
nifi inftrumentum enunciativum produceret,
cenfent. (d) *Cap. un. X. de Præfcript. in* 6. (e) *Conf.* 14. *n.*
196. (f) Ita jud. eft in Parlam. Rodomag. 27. *Aug.*
1675. *ref. Bafnage Titre de Jurisd. art.* 3. *in Parit Tolofa-*
no 14. *Apr.* 1679. *Arreft. de M. de Catellano l.* 38.

& alii huc dilabuntur, ut cenſeant ex ea ſola hanc naſci præſumtionem : Decimas à Laicis ante Concilium Lateranenſe III. jam acquiſitas fuiſſe & ita optimo ſolidoque poſſideri jure; Uti quoque ſecundum hæc principia in Galliæ Tribunalibus judicatum legimus. (ƒ)

THES. IX.

Nos in hoc ſententiarum divortio, ut ſupra factum eſt, Gallos aliosque populos à Germanis, ſimul vero utrinque Catholicos à Proteſtantibus diſcernemus. Quoad Gallos aliosque Romano-Catholicos diſtinguo inter *Regna*, quæ hic ad imitationem Romanenſium nominabo, *obedientiæ* (g) & *libertatis.* Illa ſunt in quibus Principes Pontificis Decreta ita ſuſpiciunt, ut contra ea nec facere, quid audeant,

(g) Alio ſenſu ipſa Gallia dividitur in *Terras obedientiæ & Concordati. Pays d'obedience* dicuntur, quæ reſervationes Papales reverentur, nec in Concordatis Nat. Gallicæ continentur; *Pays de Concordats*, quæ contrà ſe habent.

deant, nec facere posse credant. In his Decimarum Ecclesiasticarum præscriptio, quantum ad dominium directum , nulla est, quia ad Ecclesiam spectare id perpetuò supponitur. Quoad dominium utile pariter ibidem præscriptio contra Ecclesiam rara erit, etiamsi nec de contrario constet, nec de initio ; nisi titulus constitutivus, aut declarativus produci possit. In Regnis vero, in quibus Principes Sacerdotium Romano-Pontificium quoad temporalia saltem comiter habent, & quæ sit vis Majestatis in rebus seculi canonisatis intelligunt; præscriptio immemorialis admittetur, dummodo nec de initio possessionis post C. L. nec de contrario constet ; licet titulus constitutivus aut declarativus desit. Requiritur tamen ut quasi titulo feudi aut æquipollenti (*b*) pos-
seßæ

(h) Huc spectant Decimæ, quæ tenentur *en franc devoir*, uti in Prov. Turon. *Du Perray l* 3. *Ch.* 3. *p.* 63.

seſſæ ſint, bonaq; fides tempori tam vetu-
ſto comes fuerit; Quicquid circa titulum
declarativum Ante-Lateranenſem operosé
perſuadere cupiat *Dn.duPerray.* Uti autem
hæc Jurisprudentia Legibus Majeſtatis, &
Imperii jurique tam publico quam privato conformis eſt ; Ita *Ludovicus M.*
eam in Edicto ſuo de Ao. 1708. Menſe Ju-
lio publicato ampliavit , ordinavitque (*a*)
omnes poſſeſſoresdecimarum feudalium &
patrimonialiũ, qui eisdem per centum annos
per ſe aut autores ſuos quocunque titulo pa-
cifice fruiti ſunt, in proprietate & pòſſesſione
ſervandos, confirmandosq; eſſe. Qua quidē
ratione & incertitudini hujus Jurispruden-
tiæ

(*a*) Articulo I. *Declarons & ordonnnons, voulons &*
nous plait, que tous les Proprietaires & poſſeſſeurs des
dixmes infeodeés & patrimonialcs, qui en ont jouis pai-
ſiblement par eux & leurs auteurs pendant cent ans , à
quelque Titre que ce ſoit, ſoient & demeurent maintenus
& confirmés. . . dans la proprieté, poſſeſſion & jouiſ-
ſance incommutable des dites dixmes &c.

tiæ & litium, quæ ferebantur , immor-
talitati potenter æqué ac fapienter conful-
tum eft.

THES. XII.

Quoad Germanos Àanc foveo fententi-
am : Si funt Proteftantes, qui agunt
contra Ecclefiam fuæ Religionis ; Princeps in cujus territorio Pontificis pòteftas
fufpenfa eft , ordinariæ cum titulo &
fine titulo extraordinariæ præfcriptionis
curfum fine dubio admittet. Si vero ii-
dem agerent contra Catholicam Ecclefiam , tunc , fi Catholica Ecclefia Pro-
teftanti fubeffet Judici, actores facilius præfcriptionis immemorialis emolumentum
fperarent; fi vero hæc fubeffet Judici Catholico , fubdiftinguere liceret inter
Ecclefiafticum & Secularem. Ille pro
re odiofa præfcriptionem immemorialem reputans, titulum faltem declarativum

vum Ante-L. requiret, fi de contrario conftet, e. g. fi Ecclefia probare poffet, fe poft Lateran. Concil. Laicū autem ipfo *Año Critico*
non poffediffe. Non autem recte requiret, fi
nec de initio, nec de contrario conftet. Laicus vero Judex ad imitationem Regis Chri-
ftianiffimi fimplicem immemorialitatem,
licet de contrario conftet , (*i*) bonæ tamen fidei nixam, fufficere recté júdicaret.
Si vero Proteftans Reus effet & hic fe præ-
fcriptione defenderet, tunc Eccl. decimas
perfequens fubibit leges Proteftantiū, fi hi
Ao. 1624. in poffeffione JCtionis Ecclef. fuerunt.   Quod fi Catholici in Au-
guftanæ Confeffionis Statuum ditionibus Anno 1624. notorié in poffeffione
vel quafi Exercitii Jurisdictionis Ecclefi-
afticæ fuiffent, hanc in pofterum exercere
poffunt, fed non nifi in exigendis decimis,
fimilibusque reditibus.   Hinc ob præfcriptionem ordinariam vel extraordina-

E

riam

(i) *Cap. un. de Præfcr. in 6.*

riam secundum ea, quæ diximus, decimas vel adjudicabunt vel denegabunt. (*k*) Si vero Laicus Catholicus contra Catholicam Ecclesiam ageret aut se defenderet, Judices Catholici, præsertim Ecclesiastici, magis ex possessione immemoriali ante-Lateranensem infeudationem, quam possessionem Anni Critici præsument. Cum e contrario inter Protestantes & Catholicos magis possessio anni decretorii, quæ tituli loco sola sufficit, ex eadem immemorialitate conjici debeat.

THES. XIII.

De Præscriptione Ecclesiæ contra Laicum & Ecclesiæ contra Ecclesiam, ut & Laici contra Laicum in sequenti *sexta Dissertatione*, DEO favente, agemus.

(k) Observatu hic dignum, quod Protestantes, si decimas non solvant, à Catholico Judice excommunicari possint; Tenor *Articuli 5. §. 48. J. P. Osn.* hic est: *Ad consequendos reditus, censu, DECIMAS & pensiones in iis A. C. S. ditionibus, ubi Catholici A. 1624. notorié in possessione vel qs. Exercitii JCtionis Ecclef. fuerunt, utantur eadem postbac quoque, sed non nisi in exigendis hisce pensionibus, nec procedatur ad EXCOMMU-NICATIONEM, nisi post tertiam denunciationem.*

Feudales *Decimas* Tu nunc defendis, Amice,
    Ac animi vires, ingeniique probas.
Applaudunt omnes, & ego conamina miror,
    Atque tuis studiis prospera quæque precor.
Sedulus ut cœpisti, si bene pergis in illis
    Illaque perficies non sine laude bene,
Certé ex Te capiet Decimas *Respublica* magnas,
    Et *Patriæ* carus, carus erisque bonis.

Pauca hæc

Nobilissimo Domino Respondenti,
Amico suo Honoratissimo de
egregio eruditionis edito specimi-
ne gratulaturus scripsit

Joh. Frid. Rützhaub. LL. C.

Hannoveranus Opp.

Ingenii vires tanto sub Præside monstras
    Qui certa laudis suscipis illud opus.
Hæ sunt primitiæ grato splendore nitentes,
    Præmia sint studiis, Maxima Amice! Tuis
                             Insuper

Insuper ipse Deus conamina tanta secundet
Et Patriæ doctus plaudat ubique chorus.

Hæccæ pauca Nobilissimo Domino
Respondenti in sincerum amici-
tiæ signum apposuit

GEORGIUS JOSEPHUS HORRER.
J. V. Cand. *Lauterburgensis*
Opponens.

Illustris virtus generosos semper adornat,
Si quoque virtutis sit comes artis amor.
Affectas implere licet dulcedine mentes
Nam tibi jucundus fulget, Amice! dies.
Intrepidus Cathedram, Themidosque palatia scandis,
Profers præclaras Juris & artis opes.
Ex animo, totoque libens tibi pectore grator.
Et de successu lætor amice tuo.
Opto novis semper gradibus tua gloria surgat,
Aurea sim vitæ stamina cuncta tuæ.
Gaudebo tecum, sim dummodo testis honorum,
Quos tua Jure tibi prospera fata parant.

Hæc pauca in signum fidelitatis & sinceræ ami-
citiæ Clarissimo atque Præcellenti Domino
Defendenti Amico suo æstimatissimo con-
gratulandi animo cecinit

J. B. BINDER J. V. C.

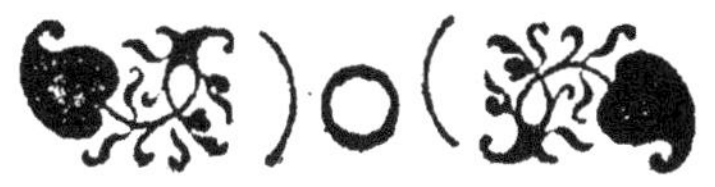